LES RECTEURS

D'ÉCOLE DE LAIVES

Avant 1789

PAR

J.-Louis BAZIN

Commis des Postes et des Télégraphes.

MACON
IMPRIMERIE GÉNÉRALE, X. PERROUX ET Cie.

1892

LES

RECTEURS D'ÉCOLE DE LAIVES

*Extrait de l'*Annuaire de Saône-et-Loire
pour l'année 1892.

LES

RECTEURS

D'ÉCOLE DE LAIVES

Avant 1789

PAR

J.-Louis BAZIN

Commis des Postes et des Télégraphes.

MACON

IMPRIMERIE GÉNÉRALE, X. PERROUX ET Cie.

1892

LES

RECTEURS D'ÉCOLE

DE LAIVES

De nos jours, l'instruction primaire est très répandue, très développée ; sans contredit, c'est un immense bienfait. Mais tout en admirant les grands progrès réalisés sur ce point, il ne faudrait pas en conclure qu'avant 1789, les campagnes étaient complètement ignorantes et qu'aucun maître d'école n'enseignait dans les villages. Non, car en consultant seulement les anciens registres de catholicité, on voit que beaucoup de témoins en ont signé les actes, et, souvent, parmi ces témoins, figure le *recteur d'école*. De nombreuses recherches ont déjà été faites sur les recteurs d'école et sur l'instruction primaire avant 1789 ; cette notice sur les *recteurs d'école de Laives* (1) sera une contribution à l'histoire de cette intéressante question dans Saône-et-Loire.

La première mention d'un « maistre d'escolle » à Laives remonte à 1516. A ce moment, Jean de la Grange, notaire audit Laives (2), fondait, à l'église de Saint-Martin, la chapelle de Notre Dame de Pitié. La messe du samedi, d'après le vœu du fondateur, devait être célébrée à haute voix « si l'escolle est entretenue audict lieu du Mont Sainct-Martin (3),

---

(1) *Laives*, commune du canton de Sennecey-le-Grand, arrondissement de Chalon, Saône-et-Loire.

(2) Jean de la Grange fut souvent échevin de Laives, et plusieurs fois juge de la communauté. Les habitants nommaient eux-mêmes ce juge, lequel connaissait des « mézus » commis dans les bois communaux.

(3) Dans les chartes, Laives est appelé *le Mont, Mont Saint-Martin, Saint-Martin-de-Laives.* Suivant Courtépée *(Description du duché de Bourgogne*, tome III, édition de 1848), ce village était situé sur la montagne où se voit encore l'église romane de Saint-Martin.

et qu'ils soient clercs suffisants pour aider à chanter ladicte grande messe. » Sur les revenus affectés à cette chapelle, le curé devait acheter « une rame de papier chacun an pour distribuer au maistre d'escole dudict Mont Sainct-Martin et ès clercs qui ayderont à chanter la messe du samedi » (1).

Il y avait donc un recteur d'école à Laives au commencement du XVIe siècle Malheureusement, une grande lacune suit, et, jusqu'en 1761, nos archives communales ne mentionnent que Jacques Jaccod, « de la vallée d'Aoste, » recteur d'école à Laives, en 1648 (2).

Claude Rigaud était recteur en 1761. La communauté lui donnait annuellement 100 livres de « gages, » et, aussi chaque année, 24 livres pour le paiement du loyer de la maison qu'il occupait. Ce traitement était convenu entre le recteur d'école et les habitants de la communauté (3) ; c'étaient ces derniers qui choisissaient leur recteur ; ils le révoquaient lorsqu'ils le trouvaient incapable de rendre les services qu'ils en attendaient. Ainsi, en 1766, les habitants de Laives « remercient » Rigaud, « parceque ce particulier n'étoit pas en état de rédiger leurs délibérations, ensorte que, pour les moindres affaires, ils étoient obligés d'apeller des notaires, ce qui occasionnoit beaucoup de frais à leur communauté » (4).

Rigaud ne s'occupait guère de son école. Il avait pris des terres à ferme, les cultivait et les faisait valoir ; « ce qui, » disaient les habitants, « le dérangeoit totallement de son devoir, puisqu'il se trouvoit presque toujours absent. Lorsque les enfants des particuliers se présentoient à son école, il ne se trouvoit que sa femme, ou quelqu'uns de ses enfants, pour les instruire ; ce qui a fait que lesdits écoliers ont fait peu de progrès » (5).

L'année suivante, 1767, Rigaud était recteur d'école à

---

(1) Titre de fondation de la chapelle de Notre Dame de Pitié ; — de ma collection.

(2) Au XVIIe siècle, on trouve comme « maistre d'escolle, » à Sennecey : David Pastelet, en 1677 ; Jacques Lodereau, 1681 à 1686 ; Personnier, 1696 ; à Jugy : Blaise Chevreuil, 1671 ; « Emilian Berthaud, maistre d'écolle, demeurant à Seivolières, château et seigneurie de Jugy. » (Archives du greffe du Tribunal de Chalon-sur-Saône, *Registres de catholicité.*)

(3) La communauté de Laives se composait de Laives, Lenoux et Sermaizey. Laives et Lenoux nommaient deux échevins ; Sermaizey, un. Dans les assemblées, les habitants de Sermaizey n'étaient convoqués que si la question intéressait la communauté tout entière ; autrement, ce quartier s'administrait seul.

(4) Archives départementales de Saône-et-Loire, C 135, n° 3.

(5) Archives départementales de Saône-et-Loire, C 135, n° 4.

Nanton (1) ; en 1770, à Etrigny (2). Cette année, il présenta une requête à l'Intendant de Bourgogne, demandant que les habitants de Laives soient condamnés à lui payer « d'une part la somme de 125 livres pour cinq quartiers de ses gages et salaires de recteur d'école dudit Laives, sçavoir cent livres pour l'année entière échue le 6 décembre 1765, conformément au traitté dudit jour 6 décembre 1761, et 25 livres pour les trois premiers mois de l'année 1766 : d'autre part, celle de quarante-huit livres pour les loyers des années 1765 et 1766 de la maison qu'ils étaient tenus de luy fournir pour un logement à Laives, le tout avec intérêts à compter du jour de la demande en justice. Plus 100 livres de dommages-intérêts » (3). Mais les habitants prouvèrent qu'ils ne devaient aucune somme à Rigaud, et, le 14 septembre 1770, M. Noirot, subdélégué de Chalon, en rendant compte de ce procès à l'Intendant de Bourgogne, écrivait que « les habitants de Layves et Sermaizey ont payé à Rigaud tout ce qu'ils luy devoient de ses gages jusqu'à sa révocation » (4).

En 1771, Charles Lacroix était recteur d'école à Laives (5).

Le 25 mars 1775, les habitants traitent avec Barault, père et fils, « pour les servir en qualité de recteur d'école pendant 9 années ». Barault père était alors « sexagénaire », et « peu en état d'exercer à présent les fonctions de recteur d'école » (6). Son fils, âgé de 24 ans, étant approuvé de l'ordinaire, et « *sur le point de se marier* » (7), demanda l'homologation du traité « pour donner à ses conventions la sanction dont elles ont besoin » (8).

---

(1) Le 3 février 1767, Anne Rigaud, fille de Claude, recteur d'école à Nanton, épouse Benoît Gouin, cultivateur à Laives. (Archives communales de Laives) — *Nanton*, commune du canton de Sennecey-le-Grand, Saône-et-Loire.

(2) *Etrigny*, commune du canton de Sennecey-le-Grand, Saône-et-Loire.

(3) Archives départementales de Saône-et-Loire, C 135, n° 5.

(4) Archives départementales de Saône-et-Loire, C 135, n° 3.

(5) Archives communales de Laives. — En 1786, Lacroix était recteur d'école à Jugy. — (*Jugy*, commune du canton de Sennecey-le-Grand, Saône-et-Loire.)

(6) Charles « Bareau » mourut à Laives le 15 décembre 1781, âgé de 64 ans (Archives communales de Laives, *Registres de catholicité*.)

(7) L'acte de mariage est du 19 mai 1778. « Jean Barault, recteur d'école de cette paroisse, fils de maître Charles Bareau, ancien recteur d'école de la même paroisse, et de Philiberte Meunier, » épousa Charlotte Cornu, fille de Claude Cornu, laboureur à Sens. (hameau de Sennecey-le-Grand), et de Claudine Legros. (Archives communales de Laives, *Registres de catholicité*.)

(8) Archives départementales de Saône-et-Loire, C 135, n° 72.

Barault reçoit annuellement 150 livres de gages, « payables par quartier ». En outre, les habitants lui donnent « la faculté de faire quête de bled et vin, et promesse d'une portion de bois, dans les distributions, comme an autre habitan ». Avec ces nouveaux avantages, le recteur devait se loger à ses frais, et « assister à l'église sans pouvoir exiger de rétributions » (1). Les gages du recteur d'école étaient prélevés sur le produit de l'amodiation des bois communaux de Laives et de Sermaizey.

En 1785, Jean Barault étant dans le dessein de se retirer, demanda qu'il fut ordonné aux habitants de Laives « de lui payer incessamment la somme de 112 l. 10 s. à leur charge dans celle de 150 livres », et 13 livres 11 sols pour rédaction de plusieurs délibérations. « Ce recteur s'est toujours bien comporté, et on prétend que c'est par humeur de quelques habitants qu'il n'a pas été payé jusqu'à présent » (2). Faisant droit à la demande de Jean Barault, l'Intendant de Bourgogne ordonna aux échevins de lui payer la somme de 126 livres 1 sol. Les habitants ne se conformant pas à cette ordonnance et ne payant pas le recteur, celui-ci réitéra sa demande, laquelle fut appuyée par le subdélégué de Chalon. Le 19 décembre suivant, l'Intendant ordonna aux échevins de payer leur recteur, et condamna « personnellement les échevins au frais de l'assignation de ladite ordonnance du 8 septembre, que nous avons liquidé à la somme de 3 l. 8 s. 9 d. ». Cette ordonnance du 19 décembre « sera lue et publiée à l'issue de la messe paroissiale de Laives, afin que personne n'en ignore » (3).

Barault ayant cessé ses fonctions de recteur d'école, les habitants de Laives choisirent Joseph Cuénot pour le remplacer. Le traitement annuel de ce dernier fut de même de 150 livres, « payables par six mois, outre les rétributions ordinaires pour le mois des écoliers et les assistances à l'église ». De même aussi, le nouveau recteur eut la faculté de faire une quête de vin et de blé. Ces conventions, datées du 23 octobre 1785, sont faites pour six années, à partir du 1er novembre suivant (4).

---

(1) Archives départementales de Saône-et-Loire, C 135, n° 72.
(2) Archives départementales de Saône-et-Loire, C 135, n° 72.
(3) Archives départementales de Saône-et-Loire, C 135, n° 72.
Une ordonnance de Claude Bertholomey, lieutenant-chastelain au bailliage et marquisat de Sennecey, juge ordinaire en la justice de Laives, nous apprend que le recteur d'ecole faisait, le dimanche, à l'issue de la messe paroissiale, les publications d'usage pour la convocation des habitants aux assemblées de la communauté. (Archives communales de Laives, *Tenue de jours du* 13 novembre 1786.)
(4) Archives départementales de Saône-et-Loire, C 135, n° 72.

En même temps qu'ils traitaient avec leur nouveau recteur d'école, les habitants de Laives présentaient une requête à l'Intendant de Bourgogne ; ils exposaient :

« Que leur paroisse est composée de 4 hameaux considérables, dont 2 refusent de contribuer au payement des gages de ce recteur d'école, sous prétexte, disent-ils, qu'ils n'envoyent pas leurs enfants à son école.

« Que ce prétexte est mal fondé, en ce que les gages qu'on assigne à un maître d'école ne sont pas pour enseigner les enfans puisque l'on fait particulièrement une rétribution pour cet objet, mais pour le service qu'il fait en général pour toute la paroisse et auquel les habitans de ces hameaux (1) participent comme paroissiens. » Les habitants de Laives demandaient l'homologation de la convention passée avec Cuénot, et « qu'il soit ordonné que les gages de ce recteur d'école seront payés annuellement tant par les habitants de Laives et de Sermessey que par ceux de Montceau, Ragny et Viel Moulin, co-paroissiens, et ce à proportion de ce que chaque communauté supporte de taille ».

Sur cette requête, les habitants des hameaux de Montceaux, de Ragny et de Vieil Moulin prirent une délibération dans laquelle ils donnaient pour motifs de leur refus de contribuer au paiement des gages du recteur d'école de Laives :

« 1° Parce qu'ils n'y ont jamais contribué ;

« 2° Parce qu'ils n'ont aucuns revenus, tandisque la communauté de Laives a plus de 8 à 900 livres de revenu ;

« 3° Parce que ce recteur d'école leur devient inutile pour l'instruction de leurs enfans, attendu l'éloignement où ils sont de la paroisse de Laives ;

« Et 4° parce que les habitans de Laives ne sont pas dans l'usage de les appeller lorsqu'ils font choix d'un recteur d'école. » (13 juillet 1786.)

Malgré cette délibération, l'Intendant, sur la proposition de son subdélégué de Chalon, approuva la requête des habitants de Laives, et ordonna « que la somme de 150 livres sera supporté, sçavoir : 83 livres par les habitans de Laives ; 24 livres par ceux de Sermaisey ; 34 livres par ceux de Viel Moulin, et 9 livres par ceux de Montceau et Ragny. » (22 août 1786.) (2).

Joseph Cuénot ne fut que quatre ans recteur d'école de Laives. Pendant ce temps, des deuils bien cruels vinrent le

---

(1) La *paroisse de Saint-Martin-de-Laives* se composait de Laives, Vieil Moulin, Montceaux et Ragny; la *communauté de Laives* comprenait seulement Laives, Lenoux et Sermaizey.

(2) Archives départementales de Saône-et-Loire, C 135, n° 72.

frapper. Le 10 août 1787, sa mère, Marie-Barbe Boictiard, rendit le dernier soupir à l'âge de 80 ans ; le 9 septembre suivant, il perdait son fils François, âgé de 3 ans. Un an après, le 28 septembre 1787, sa femme, Jeanne-Marie Bœuf, décédait âgée seulement de 31 ans ; et le 29 février 1788, il enterrait encore un enfant de 6 ans, Joseph (1).

Le 25 janvier 1789, les habitants de Laives font des conventions avec Louis Montagnon, pour 6 années. Ce dernier venait de Montagny (2). Ses gages furent aussi de 150 livres par an, et, à partir du 1er février 1789, « il percevra les rétributions ordinaires pour le mois des écoliers et les assistances à l'église. Il aura une portion de bois dans les communaux ; mais il sera tenu d'écrire gratuitement toutes les délibérations de la communauté. Enfin les habitans lui ont promis l'exemption de toutes charges de communauté. — Cette convention est approuvée du curé. » L'Intendant fit homologuer ce traité, « sauf en ce qui concerne l'exemption de toutes charges de communauté. » Le paiement des gages de Montagnon était supporté par les quatre hameaux composant la paroisse de Saint-Martin-de-Laives, et la part de chacun de ces hameaux fixée suivant l'ordonnance ci-dessus du 22 août 1786 (3).

Louis Montagnon resta longtemps recteur d'école à Laives ; il jouissait d'une grande considération dans le village. J'ai souvent entendu raconter à des vieillards de Laives, qui avaient connu ce recteur et dont plusieurs avaient été les élèves, de quelle estime on entourait Montagnon. Avant d'entreprendre une affaire, on allait consulter « le père Montagnon », et ses sages conseils étaient toujours fidèlement suivis. Pendant la Révolution, comme plusieurs voulaient détruire les Archives de Laives, Montagnon réussit à les cacher, et, après la tourmente, il les rendit à la commune.

Avant 1789, les recteurs d'école étaient placés sous la juridiction de l'évêque diocésain. Ils devaient être approuvés par lui avant d'entrer en fonctions. Les habitants de la communauté choisissaient eux-mêmes leur recteur ; ils lui donnaient un traitement fixe, *des gages*, et, outre ce traitement, le recteur percevait une redevance mensuelle de ses écoliers. A Laives, ce dernier avait encore la faculté de faire une quête de vin et de blé chaque année.

Sous l'ancien régime, le programme de l'instruction pri-

---

(1) Archives communales de Laives, *Registres de catholicité*.
(2) *Montagny-lès-Buxy*, commune du canton de Buxy, Saône-et-Loire.
(3) Archives départementales de Saône-et-Loire, C 135, n° 72.

maire était peu compliqué. Le recteur enseignait la lecture. l'écriture et les premières notions de calcul ; il était aussi chargé, sous la surveillance du curé, de l'instruction religieuse des enfants. Depuis la Révolution, mais surtout ces dernières années, ce programme s'est bien modifié ; il comprend des notions assez étendues sur toutes les connaissances utiles à l'homme, et répond beaucoup mieux aux exigences et aux besoins de la société actuelle. Il est très rare maintenant de trouver un jeune homme tout-à-fait illettré ; avec les grandes facilités d'apprendre, les grands développements apportés à l'enseignement primaire par les Ministres de l'Instruction publique, ne serait-on pas honteux de savoir à peine signer son nom et de rester en dehors du mouvement intellectuel qui caractérise notre temps ?

J.-Louis BAZIN.

www.ingramcontent.com/pod-product-compliance
Ingram Content Group UK Ltd.
Pitfield, Milton Keynes, MK11 3LW, UK
UKHW020502220726
13923UKWH00006B/2709